CATALOGUE

DE LA

COLLECTION DE LUYNES

PUBLIÉ SOUS LES AUSPICES DE L'ACADÉMIE DES INSCRIPTIONS ET BELLES-LETTRES

MONNAIES GRECQUES

II

GRÈCE CONTINENTALE ET ILES

PAR

Jean BABELON

DOCTEUR ÈS LETTRES
CONSERVATEUR-ADJOINT DU CABINET DES MÉDAILLES

PLANCHES

ÉDITEURS

JULES FLORANGE   LOUIS CIANI
17, RUE DE LA BANQUE, 17   54, RUE TAITBOUT, 54
PARIS (2ᵉ)   PARIS (9ᵉ)

1925

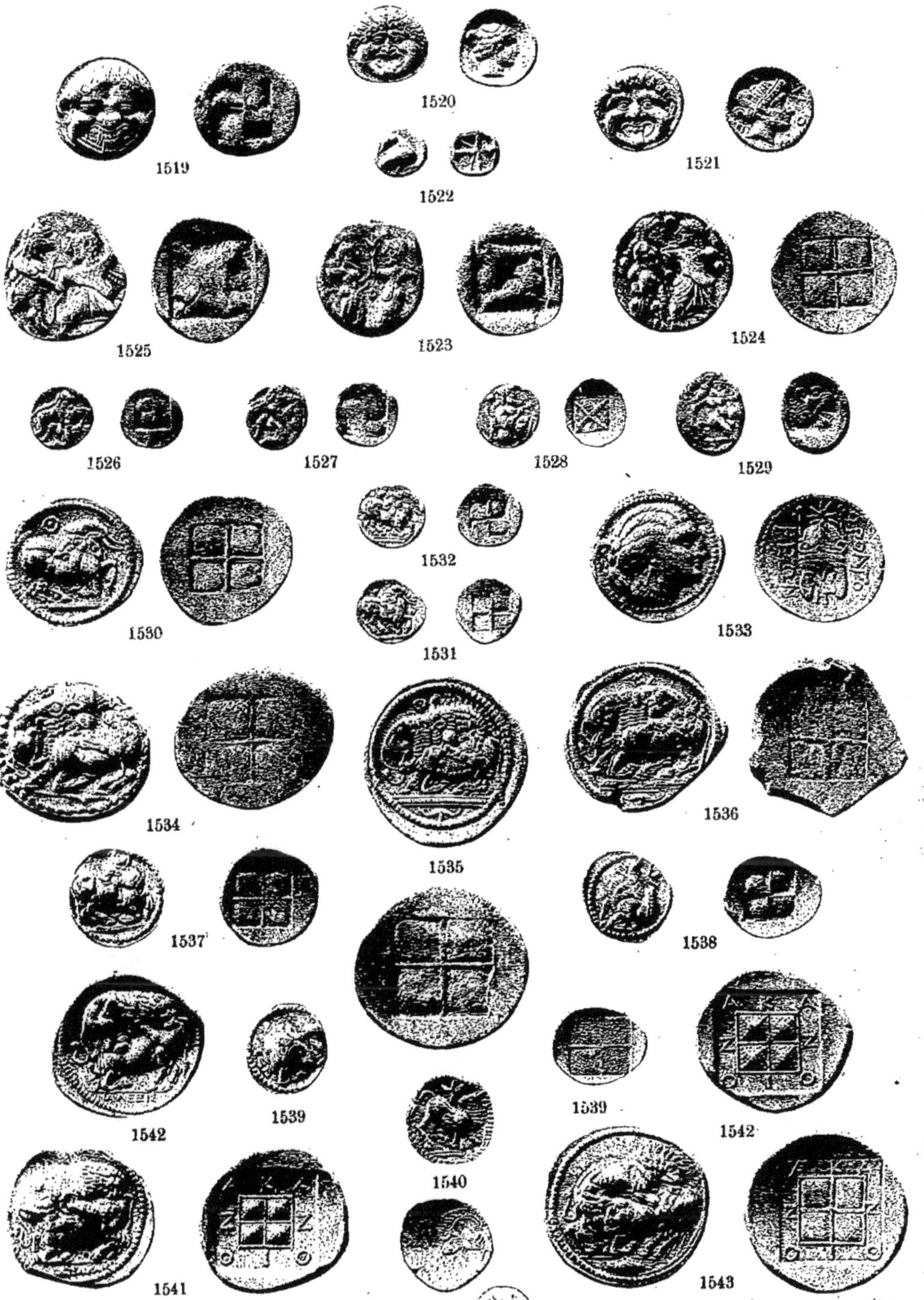

1519
1520
1521
1522
1523
1524
1525
1526
1527
1528
1529
1530
1531
1532
1533
1534
1535
1536
1537
1538
1539
1539
1540
1541
1542
1542
1543

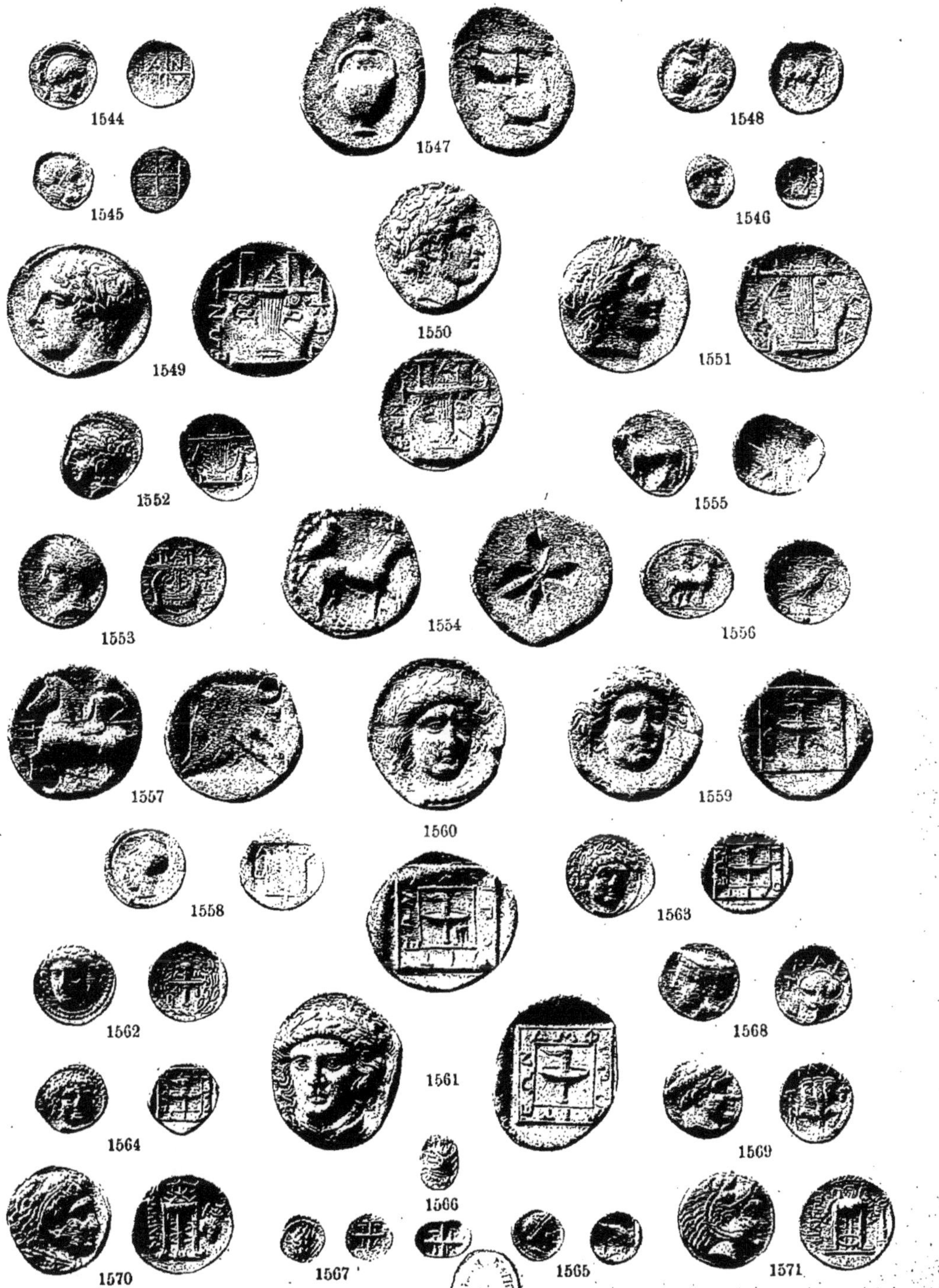

1544
1545
1547
1548
1546
1550
1549
1551
1552
1555
1553
1554
1556
1557
1559
1560
1558
1563
1562
1568
1564
1561
1569
1566
1570
1567
1565
1571

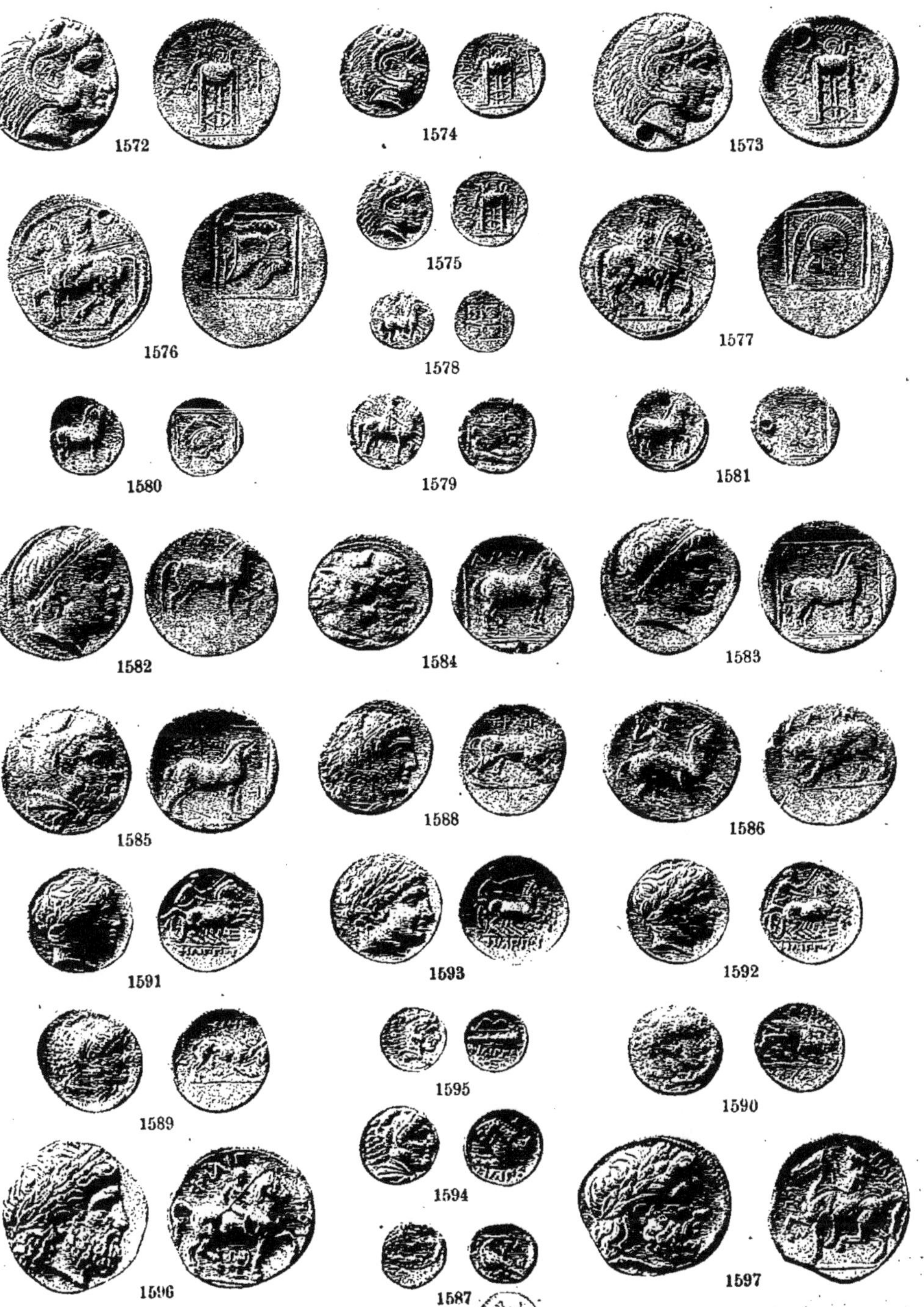

1572
1574
1573
1576
1575
1577
1578
1580
1579
1581
1582
1584
1583
1585
1588
1586
1591
1593
1592
1589
1595
1590
1594
1596
1587
1597

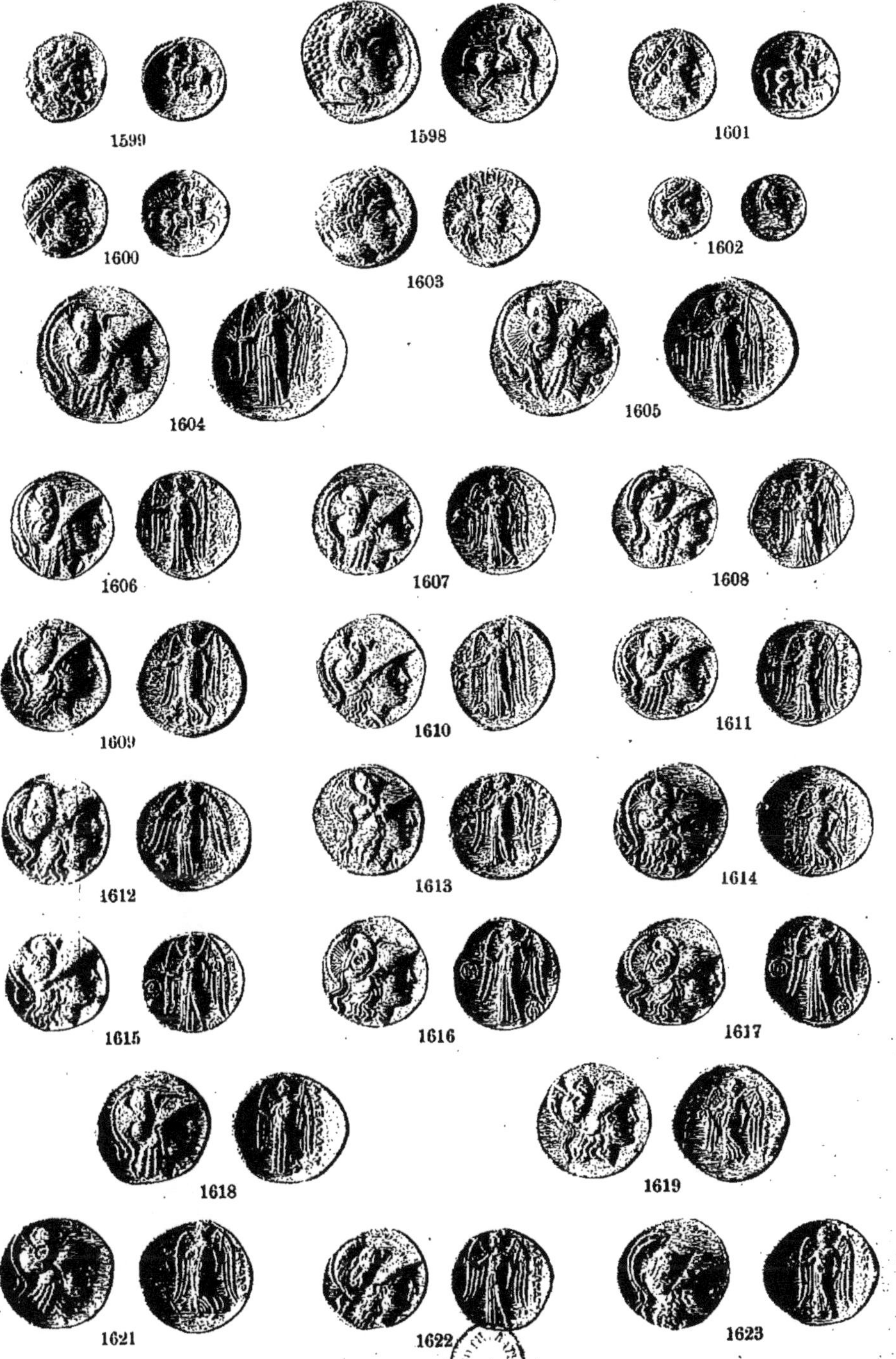

1599 1598 1601

1600 1603 1602

1604 1605

1606 1607 1608

1609 1610 1611

1612 1613 1614

1615 1616 1617

1618 1619

1621 1622 1623

1624
1620
1625
1620
1626
1627
1630
1628
1631
1632
1633
1634
1635
1637
1636
1638
1639
1642
1640
1641
1643

1644

1645

1646

1649

1648

1627

1650

1651

1652

1654

1653

1655

1656

1657

1658

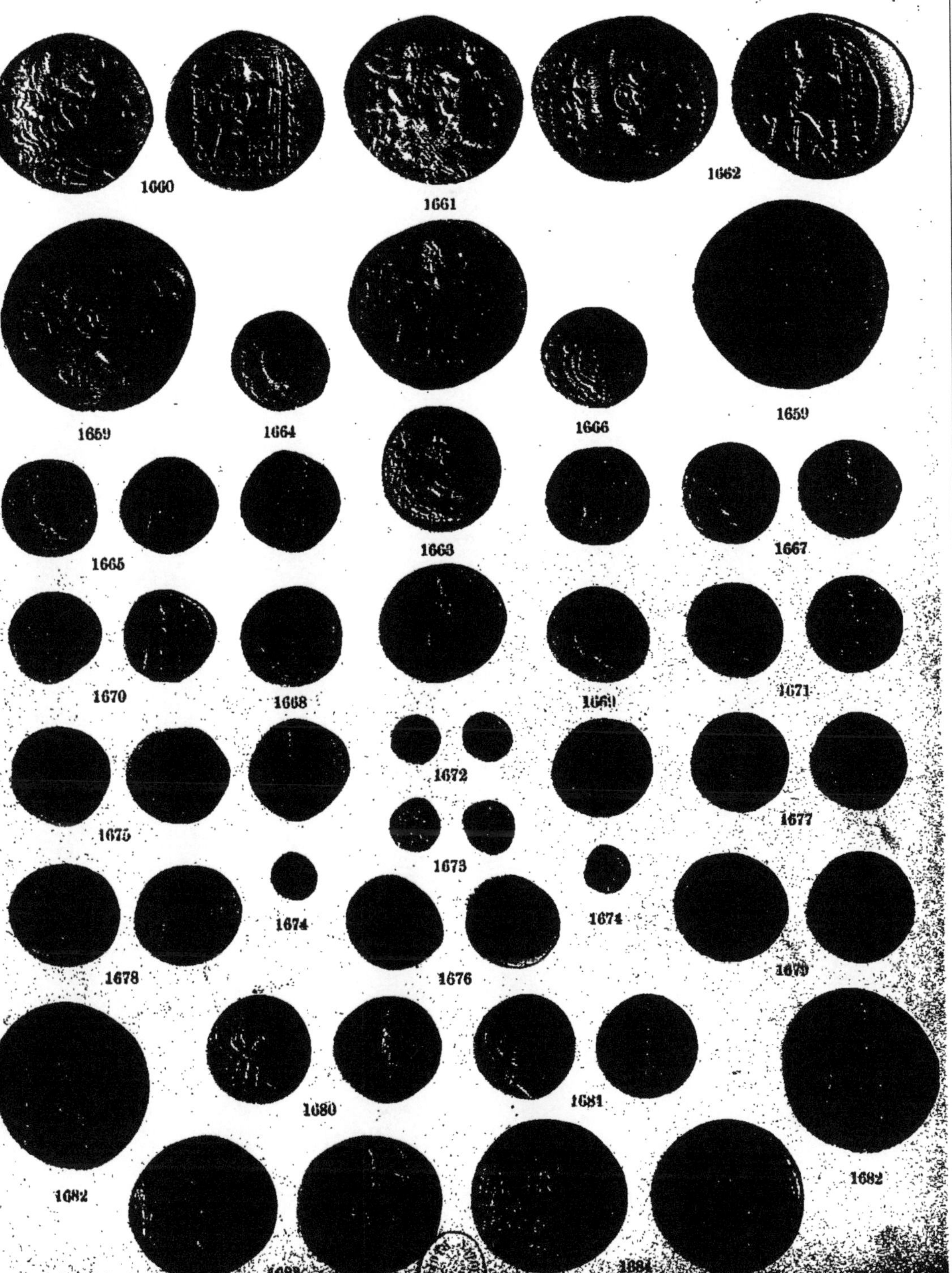
1660
1661
1662
1659
1664
1666
1659
1665
1663
1667
1670
1668
1669
1671
1675
1672
1677
1673
1674
1674
1678
1676
1679
1680
1681
1682
1682
1683
1684

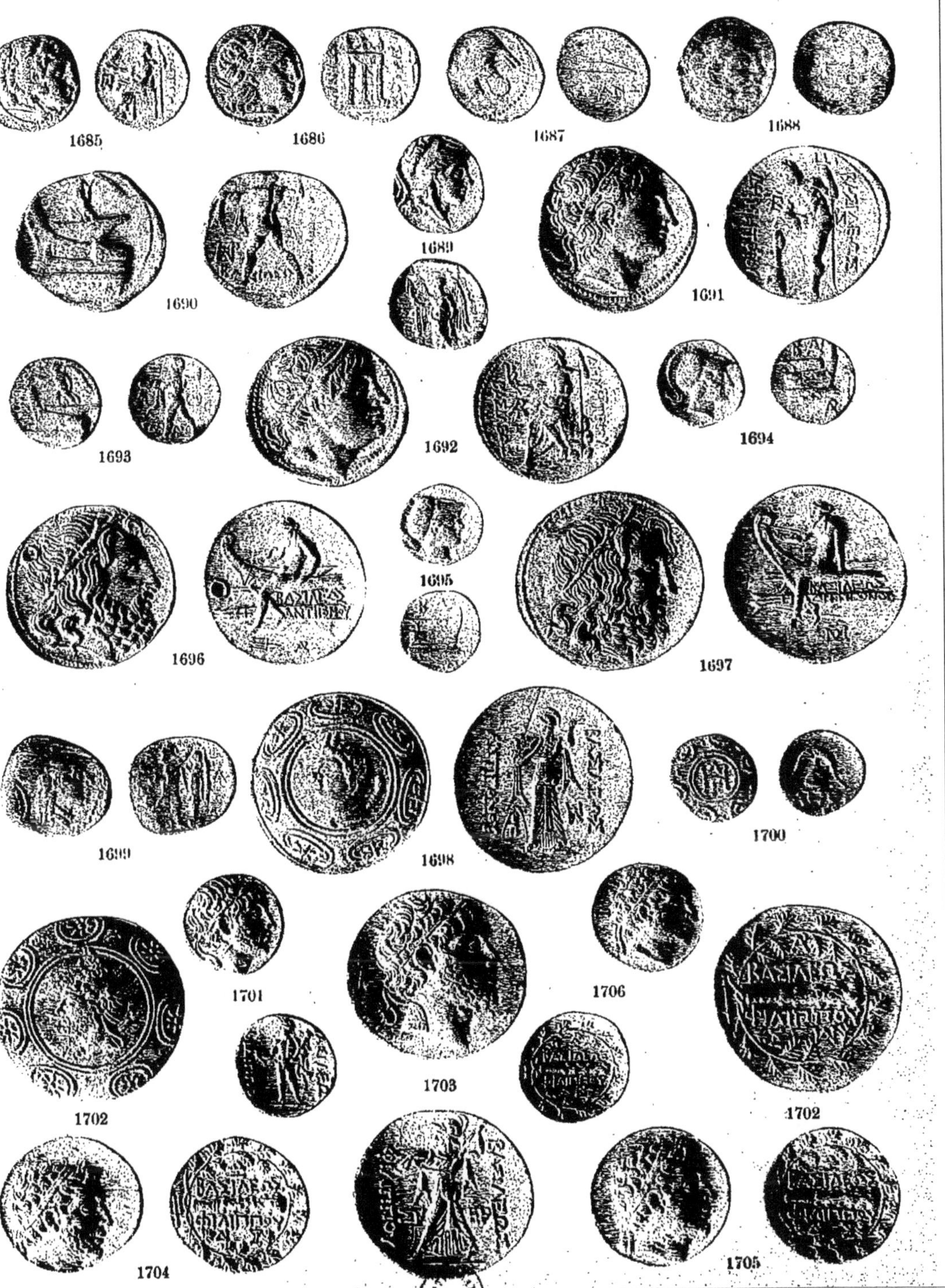

1685   1686   1687   1688

1689   1690   1691

1693   1692   1694

1696   1695   1697

1699   1698   1700

1702   1701   1703   1706   1702

1704   1705

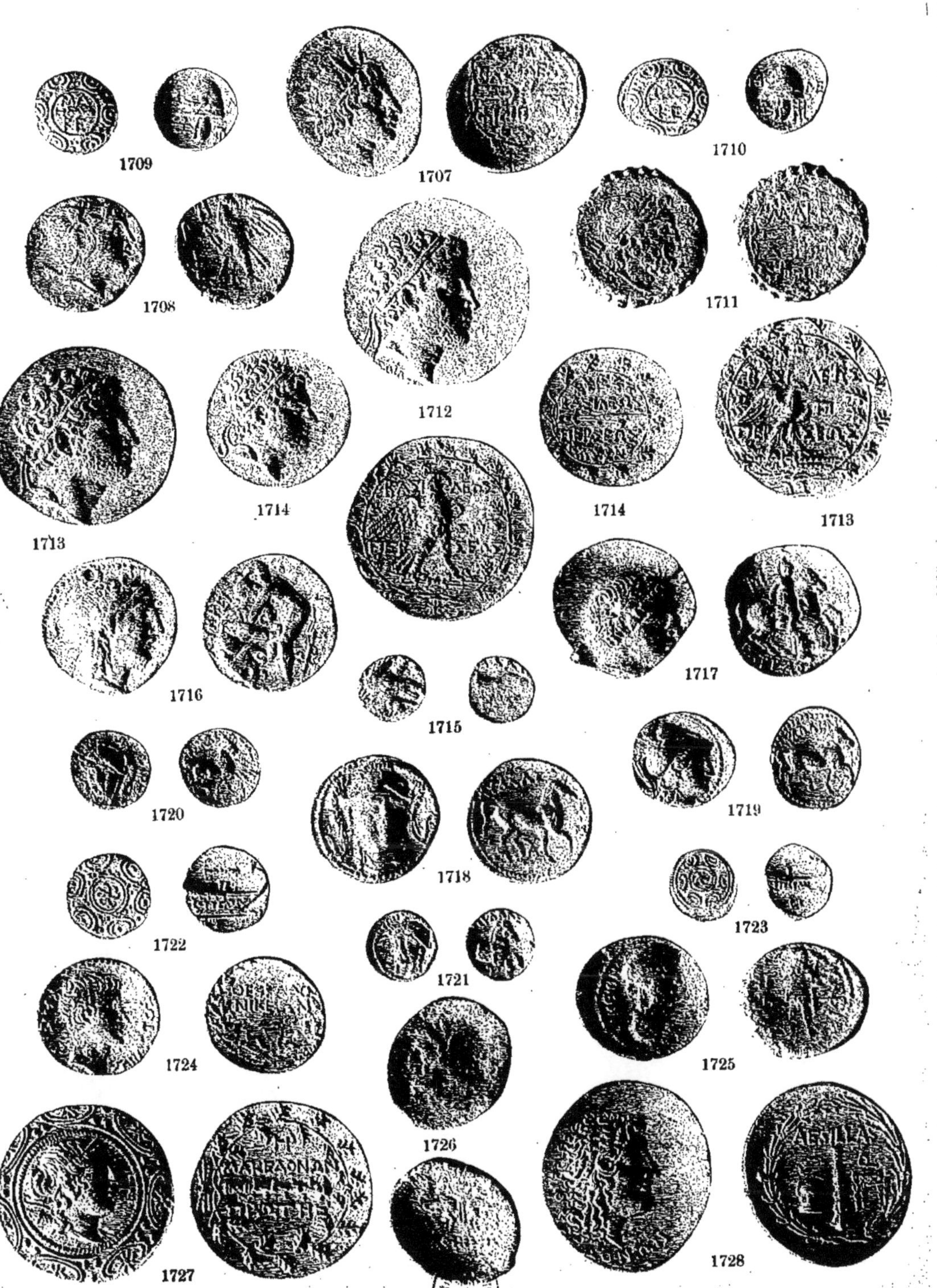

1709

1707

1710

1708

1711

1712

1713

1714

1714

1713

1716

1715

1717

1720

1719

1722

1718

1723

1721

1724

1726

1725

1727

1728

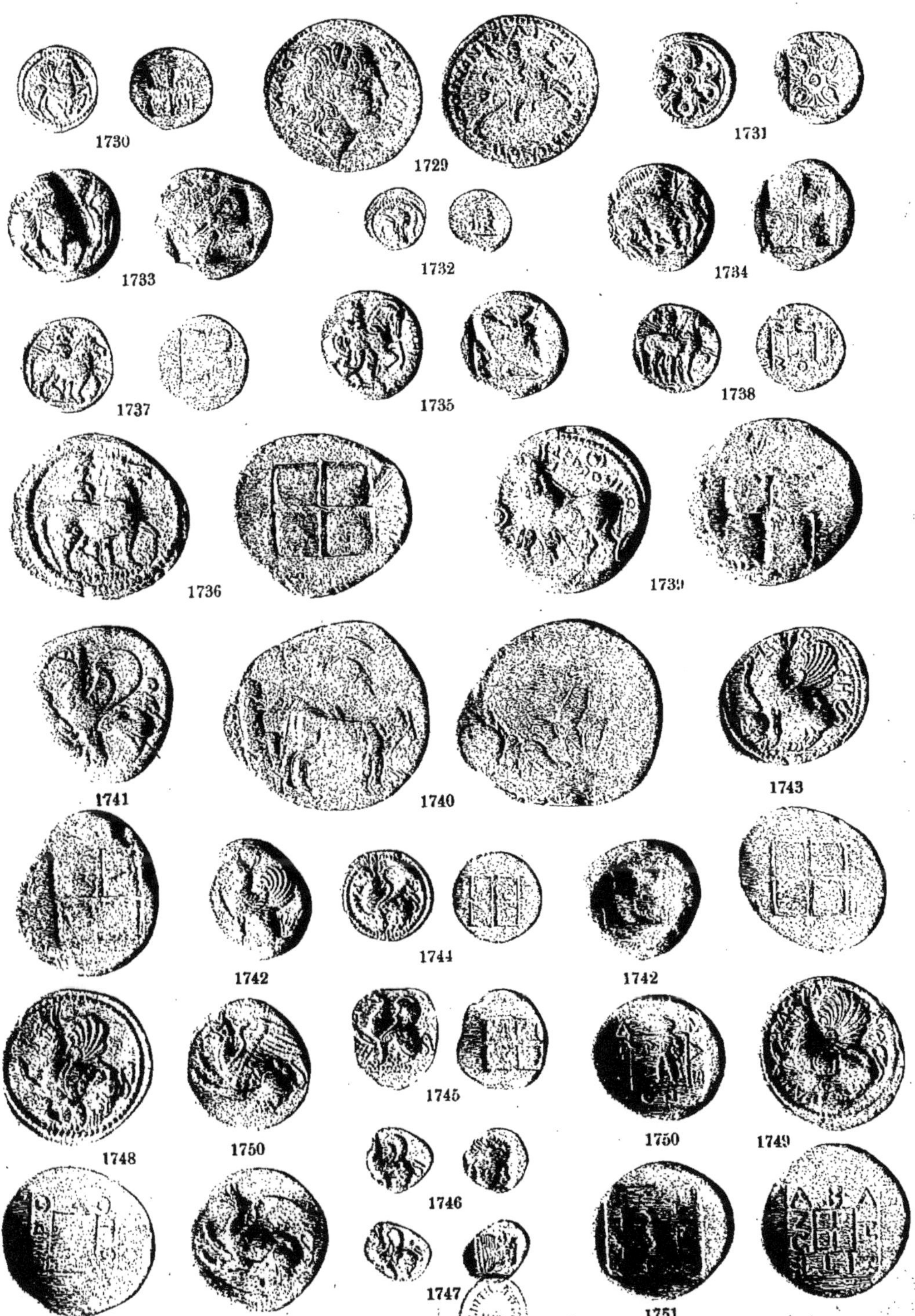

1730
1729
1731
1733
1732
1734
1737
1735
1738
1736
1739
1741
1740
1743
1742
1744
1742
1748
1750
1745
1750
1749
1746
1747
1751
1751

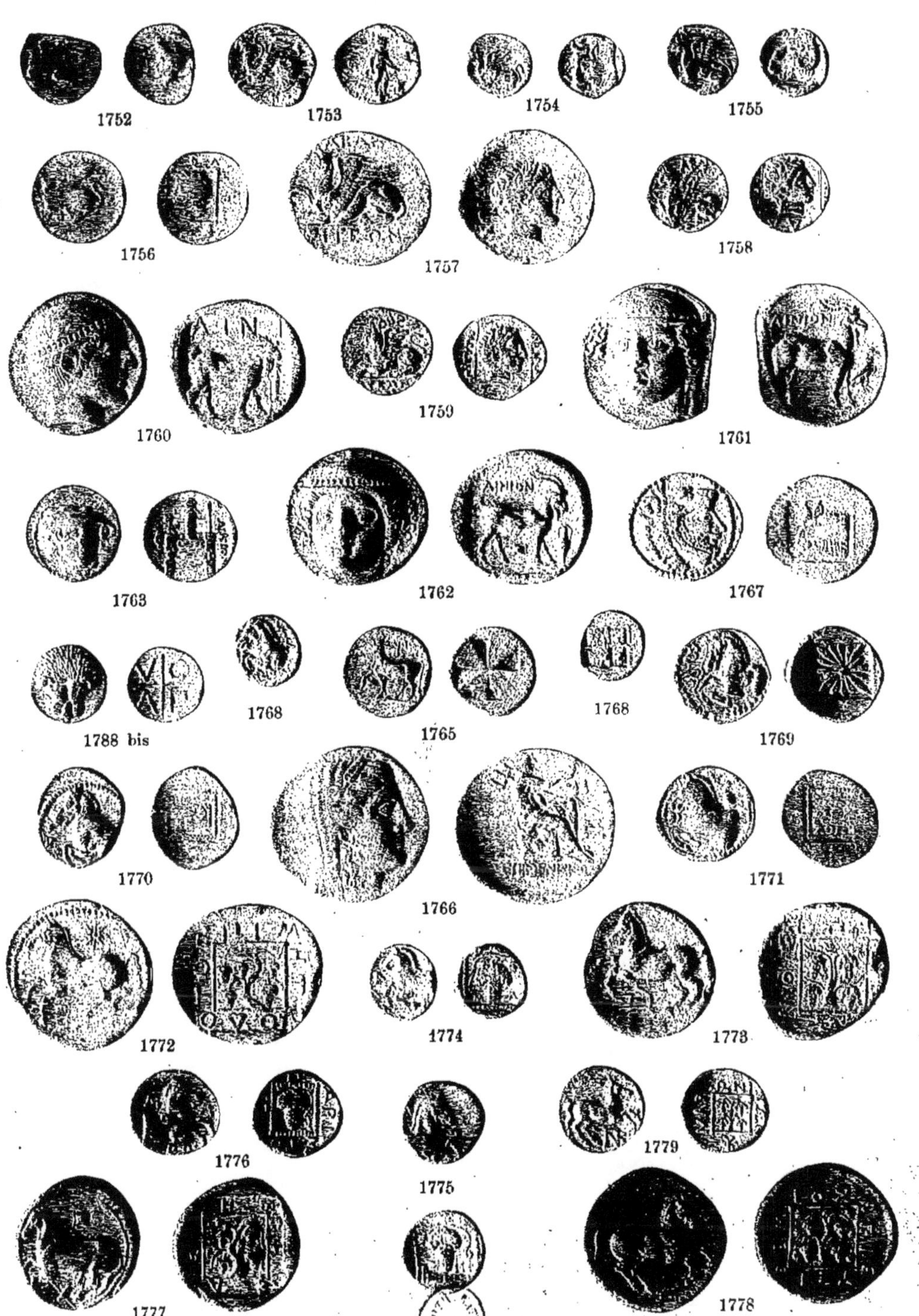

1752
1753
1754
1755
1756
1757
1758
1760
1759
1761
1763
1762
1767
1788 bis
1768
1765
1768
1769
1770
1766
1771
1772
1774
1773
1776
1775
1779
1777
1778

1781
1780
1781
1782
1784
1783
1785
1786
1791
1787
1788
1793
1764
1790
1764
1794
1796
1789
1795
1797
1792
1798
1799
1803
1804
1803
1805
1801
1800
1802

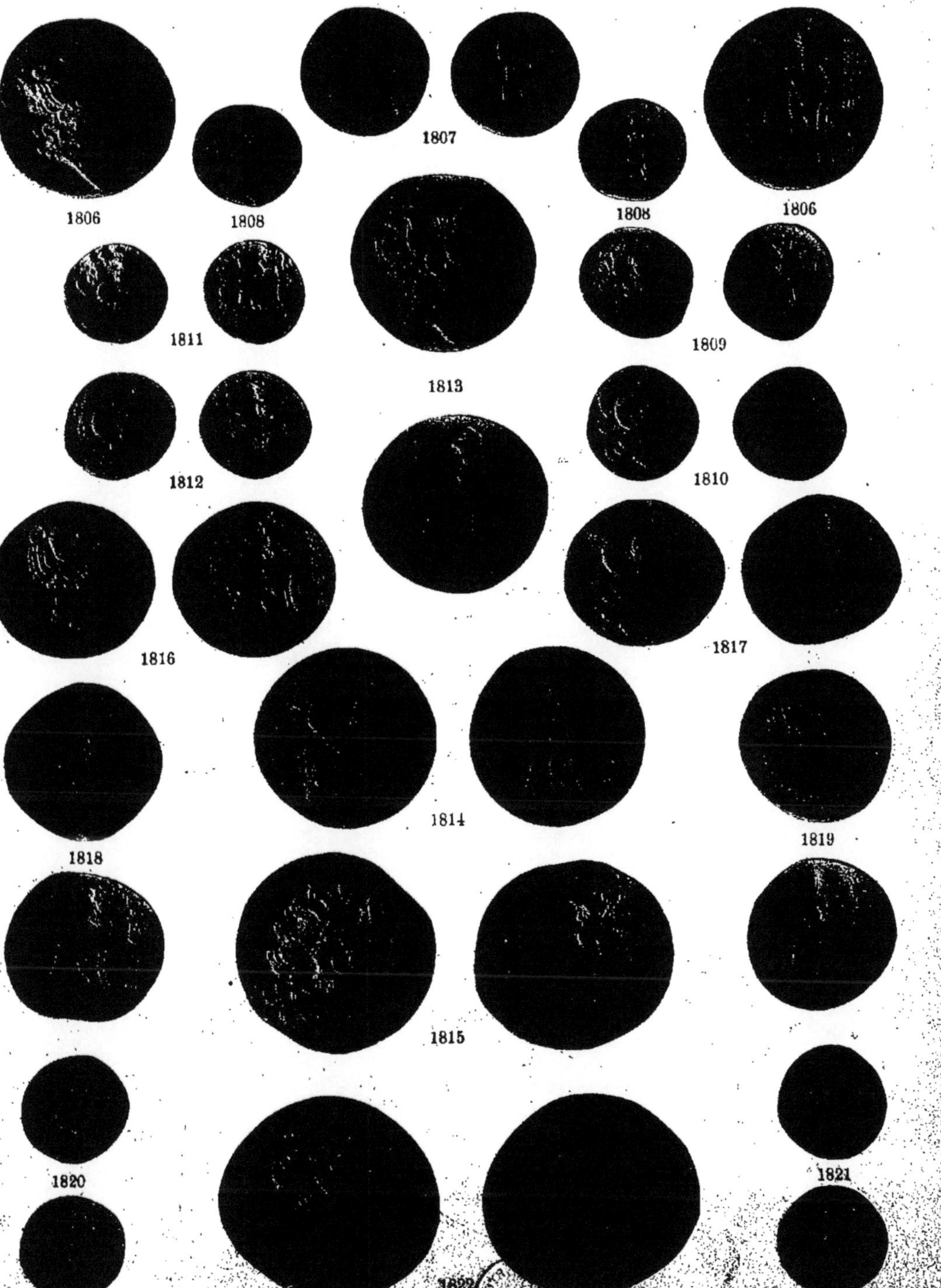

1806
1807
1808
1808
1806
1811
1809
1813
1812
1810
1816
1817
1814
1818
1819
1815
1820
1821
1822

1823
1824
1825
1832
1827
1829
1831
1828
1830
1833
1834
1834
1835
1836
1837
1838
1839
1838
1842
1840
1843
1844
1841
1845
1847
1850
1846
1849
1851
1852
1848
1853
1856
1854
1857
1859
1855
1860
1861
1858

1862 1864 1863 1864 1866
1868 1865 1867
1870 1869 1871 1872
1874 1873 1875
1876 1877 1876
1878 1880 1879
1883 1881 1885
1882 1886 1889
1887 1884 1888

1919 1920 1921
1923 1922 1924
1926 1925 1927
1928 1929 1930
1931 1933 1932
1935 1934 1936
1938 1039 1937
1940 1942 1941
1943 1944 1946

1947
1948
1945
1949
1950
1953
1952
1954
1951
1951
1955
1956
1957
1961
1960
1958
1959
1962
1963
1964
1965
1966
1972
1967
1970
1968
1969

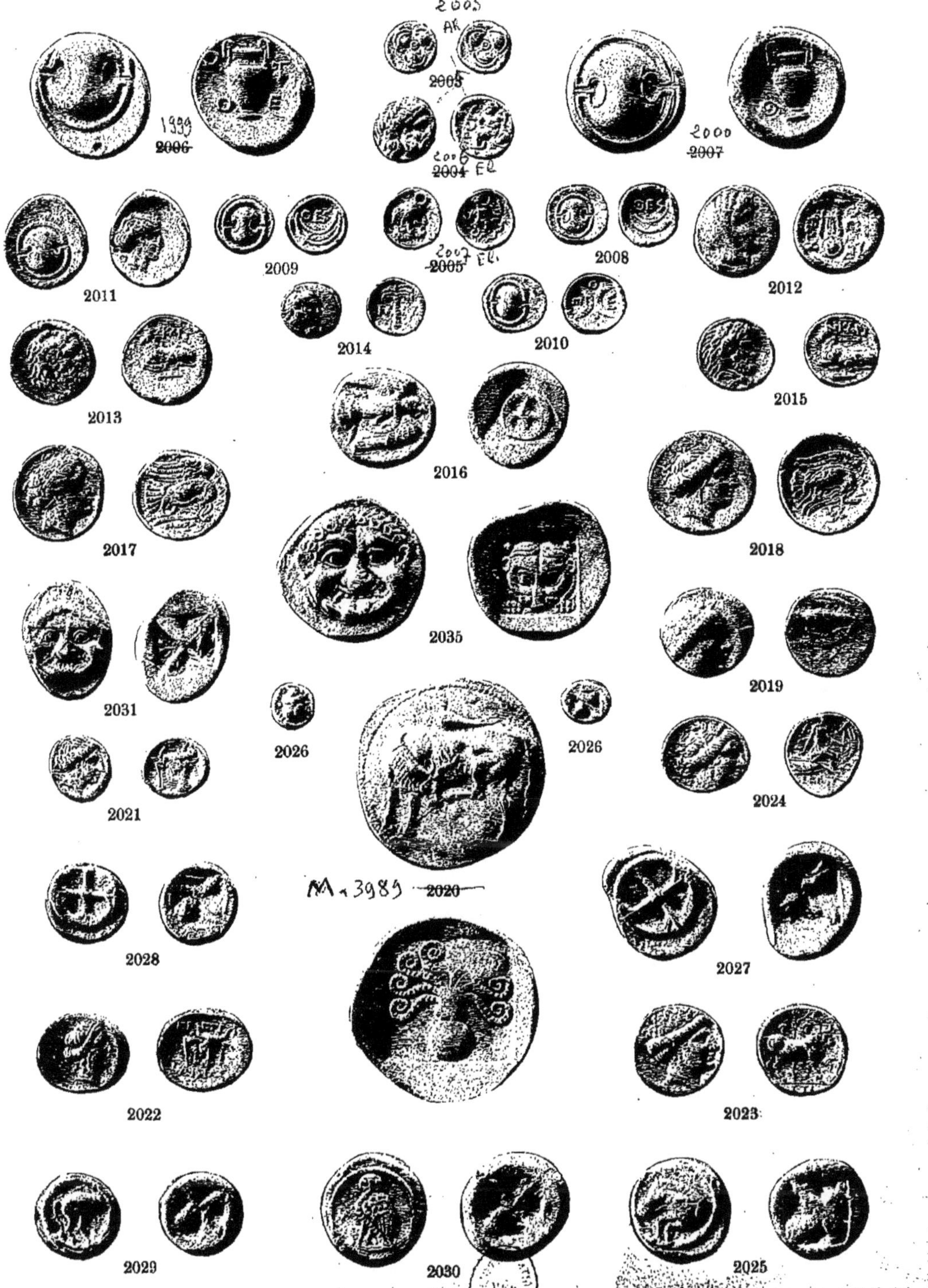
2005
AR
2005
2004 EL
1999
2006
2000
2007
2009
2007
2005 EL
2008
2011
2012
2014
2010
2013
2015
2016
2017
2018
2035
2031
2019
2026
2026
2021
2024
2028
M. 3989 2020
2027
2022
2023
2029
2030
2025

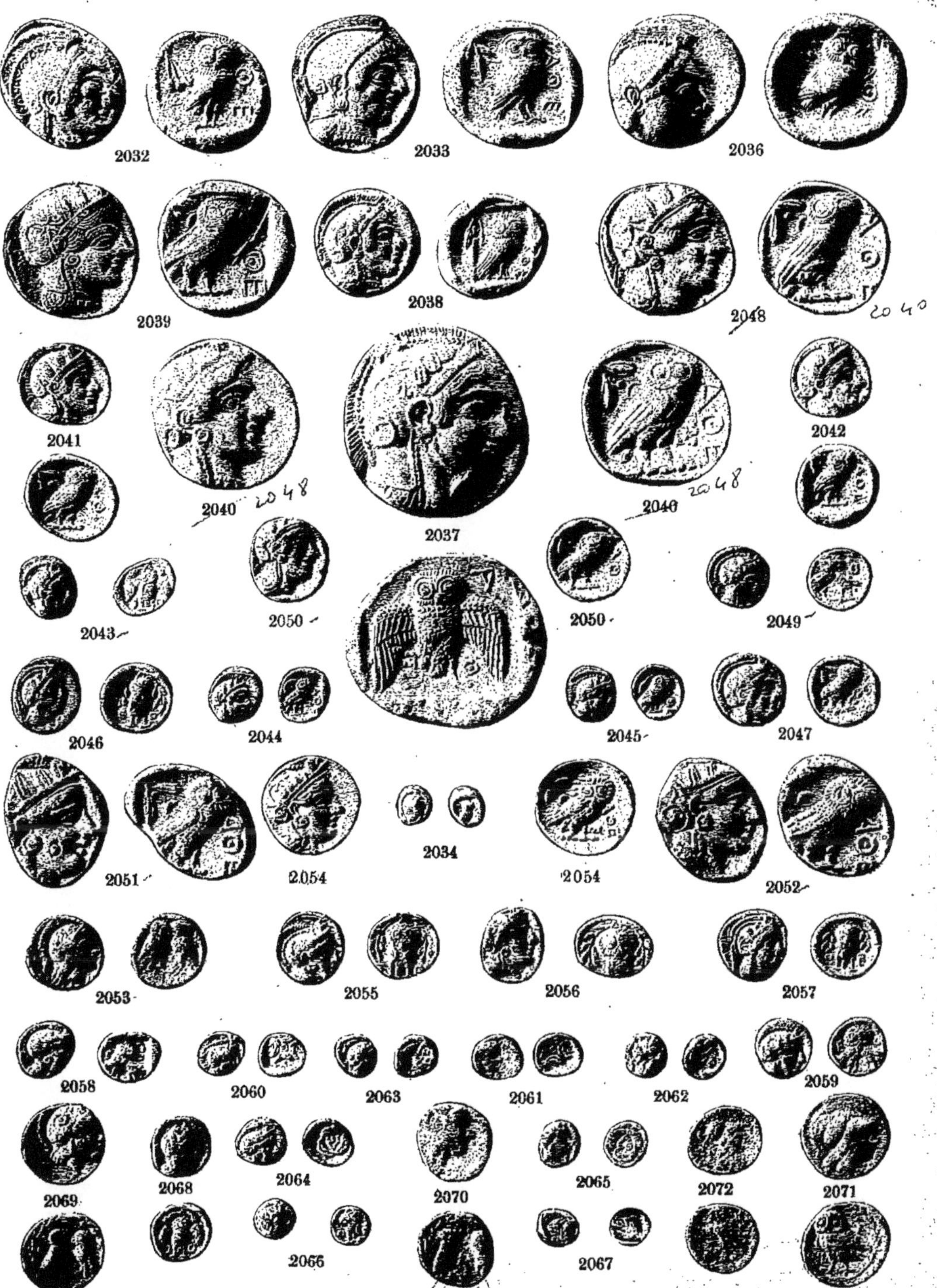

2032 2033 2036
2039 2038 2048 2040
2041 2040 2037 2040 2042
2043 2050 2050 2049
2046 2044 2045 2047
2051 2054 2034 2054 2052
2053 2055 2056 2057
2058 2060 2063 2061 2062 2059
2069 2068 2064 2070 2065 2072 2071
2066 2067

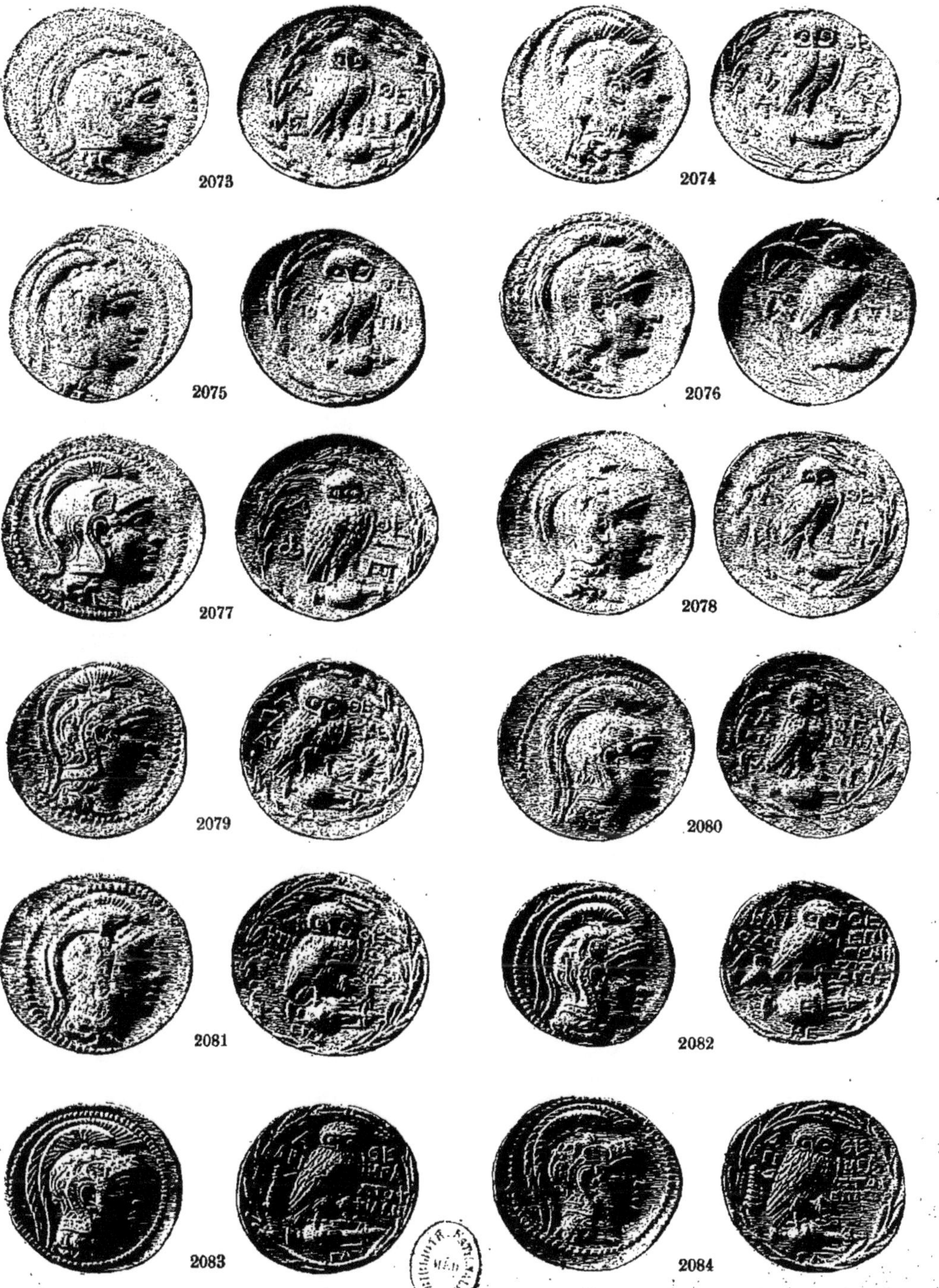

2073

2074

2075

2076

2077

2078

2079

2080

2081

2082

2083

2084

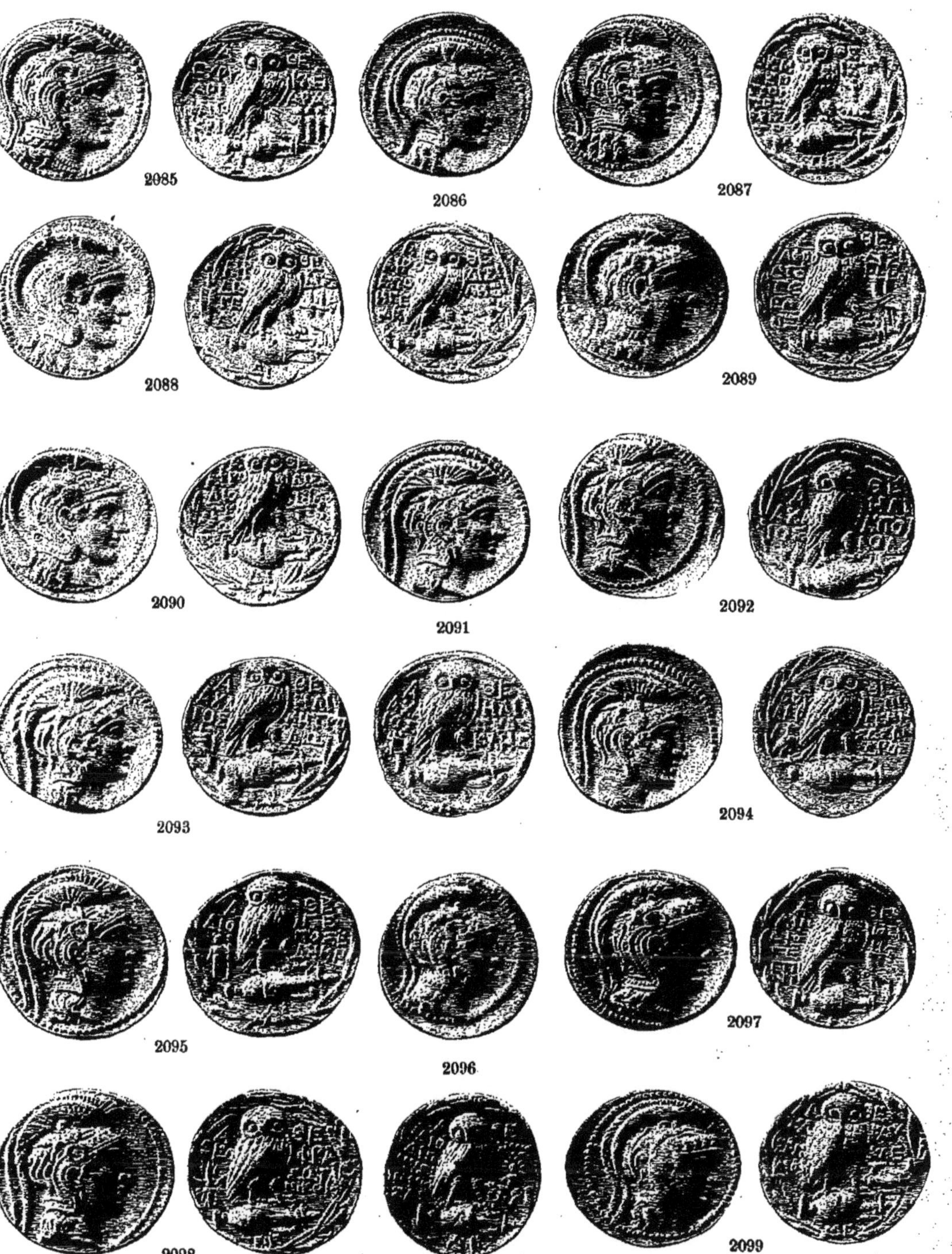

2085

2086

2087

2088

2089

2090

2091

2092

2093

2094

2095

2096

2097

2098

2099

2100

2101

2102

2103

2104

2105

2106

2107

2108

2109

2110

2111

2112

2113

2114

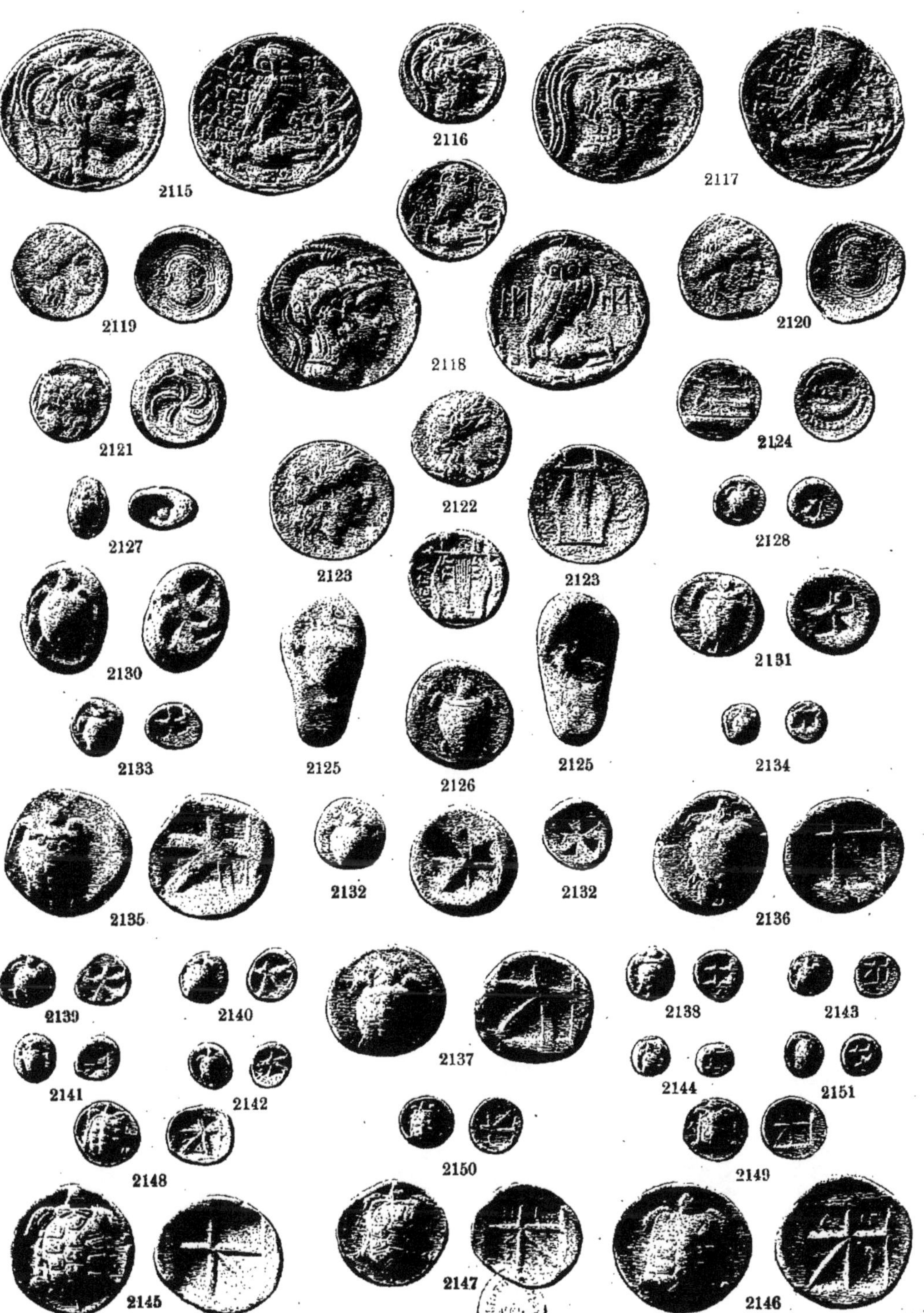

2115
2116
2117
2119
2120
2118
2121
2124
2127
2122
2128
2130
2123
2123
2131
2133
2125
2125
2134
2126
2135
2132
2132
2136
2139
2140
2138
2143
2137
2141
2142
2144
2151
2148
2150
2149
2145
2147
2146

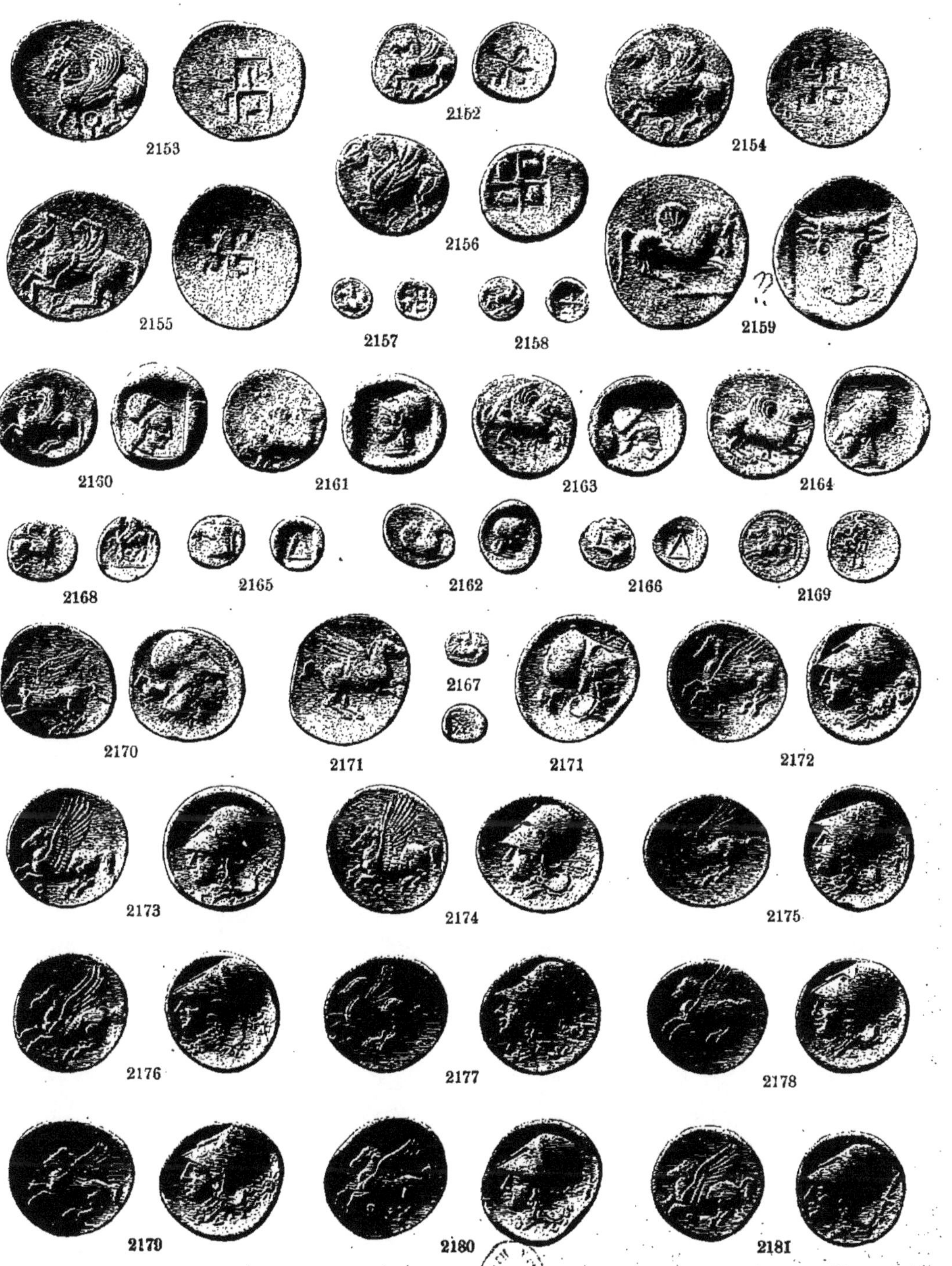

2153

2152

2154

2155

2156

2157 2158 2159

2160 2161 2163 2164

2168 2165 2162 2166 2169

2170 2171 2167 2171 2172

2173 2174 2175

2176 2177 2178

2179 2180 2181

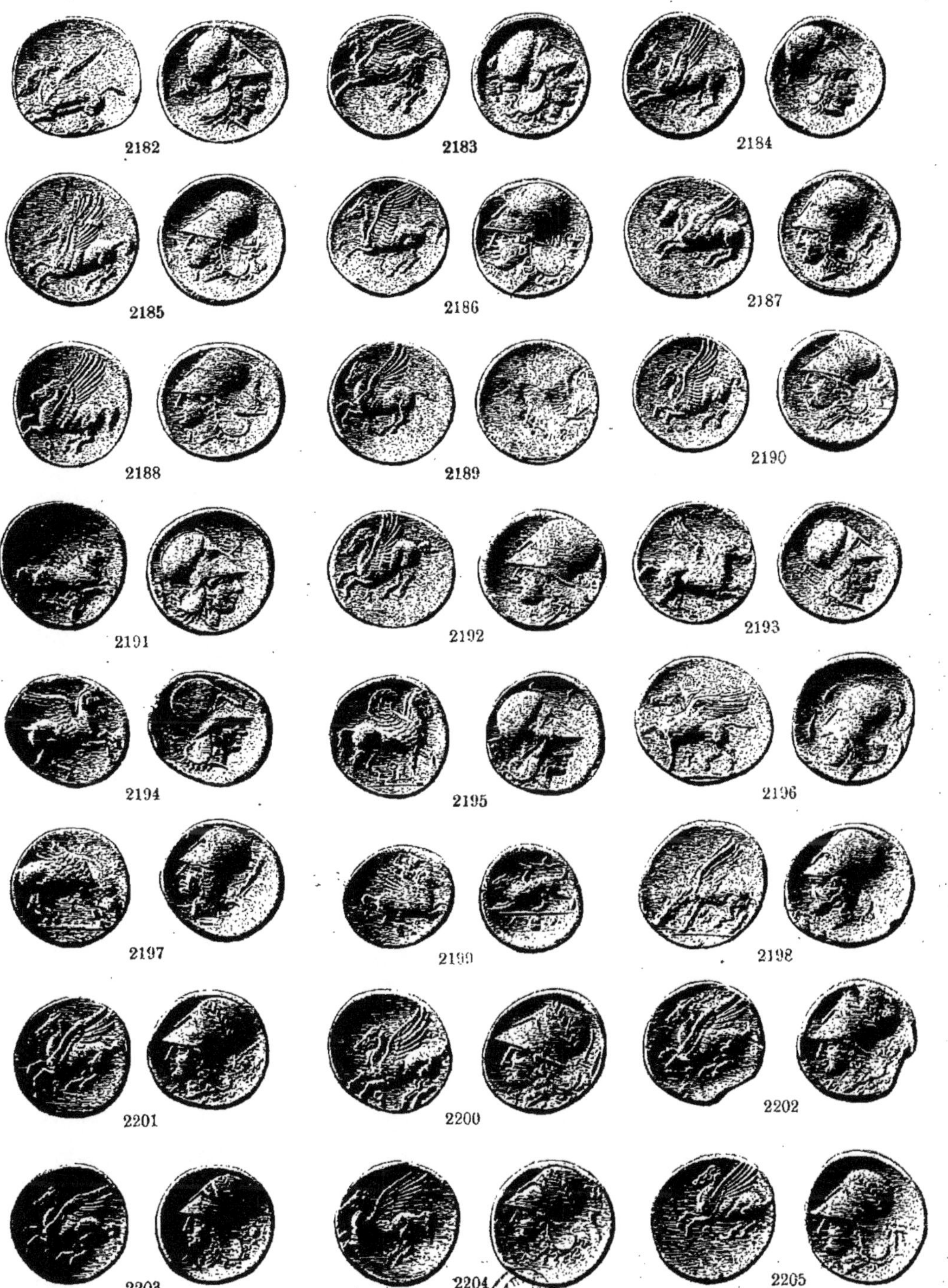

2182 2183 2184

2185 2186 2187

2188 2189 2190

2191 2192 2193

2194 2195 2196

2197 2199 2198

2201 2200 2202

2203 2204 2205

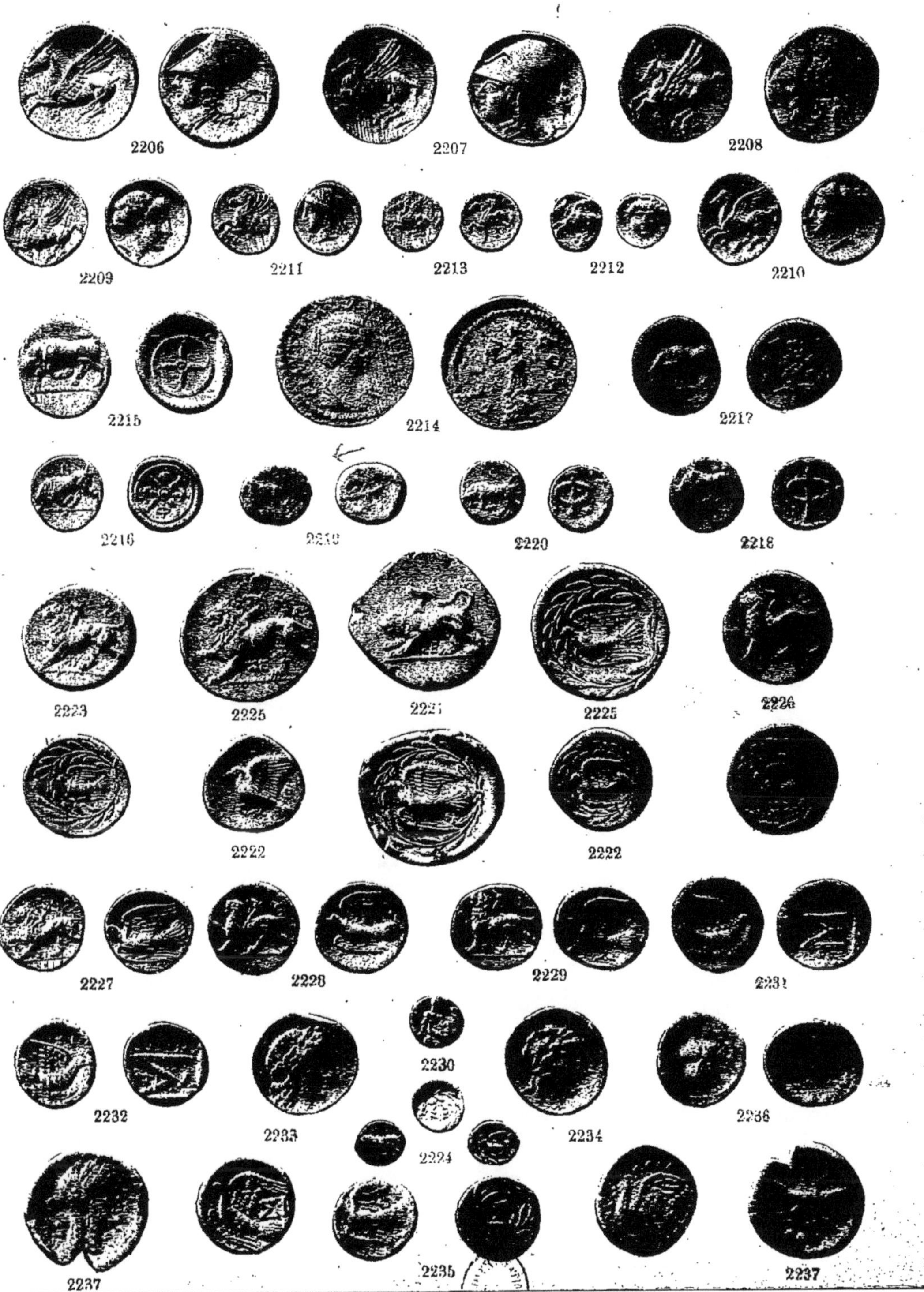

2238
2241
2239
2240
2250
2242
2251
2243
2244
2255
2252
2248
2249
2253
2254
2245
2246
2259
2260
2247
2256
2258
2265
2257
2266

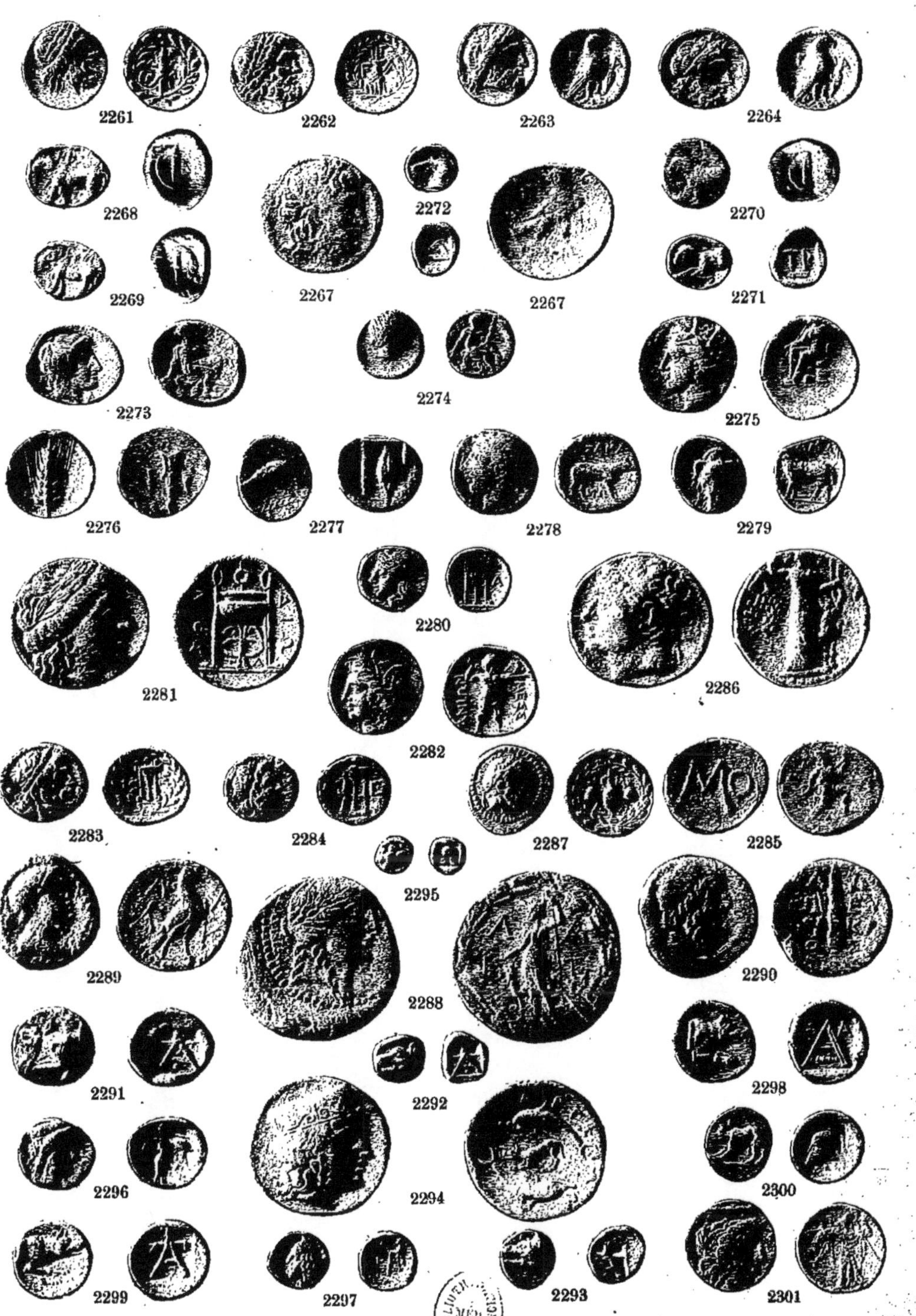

2261
2262
2263
2264
2268
2272
2270
2269
2267
2267
2271
2273
2274
2275
2276
2277
2278
2279
2281
2280
2286
2282
2283
2284
2287
2285
2295
2289
2288
2290
2291
2292
2298
2296
2294
2300
2299
2297
2293
2301

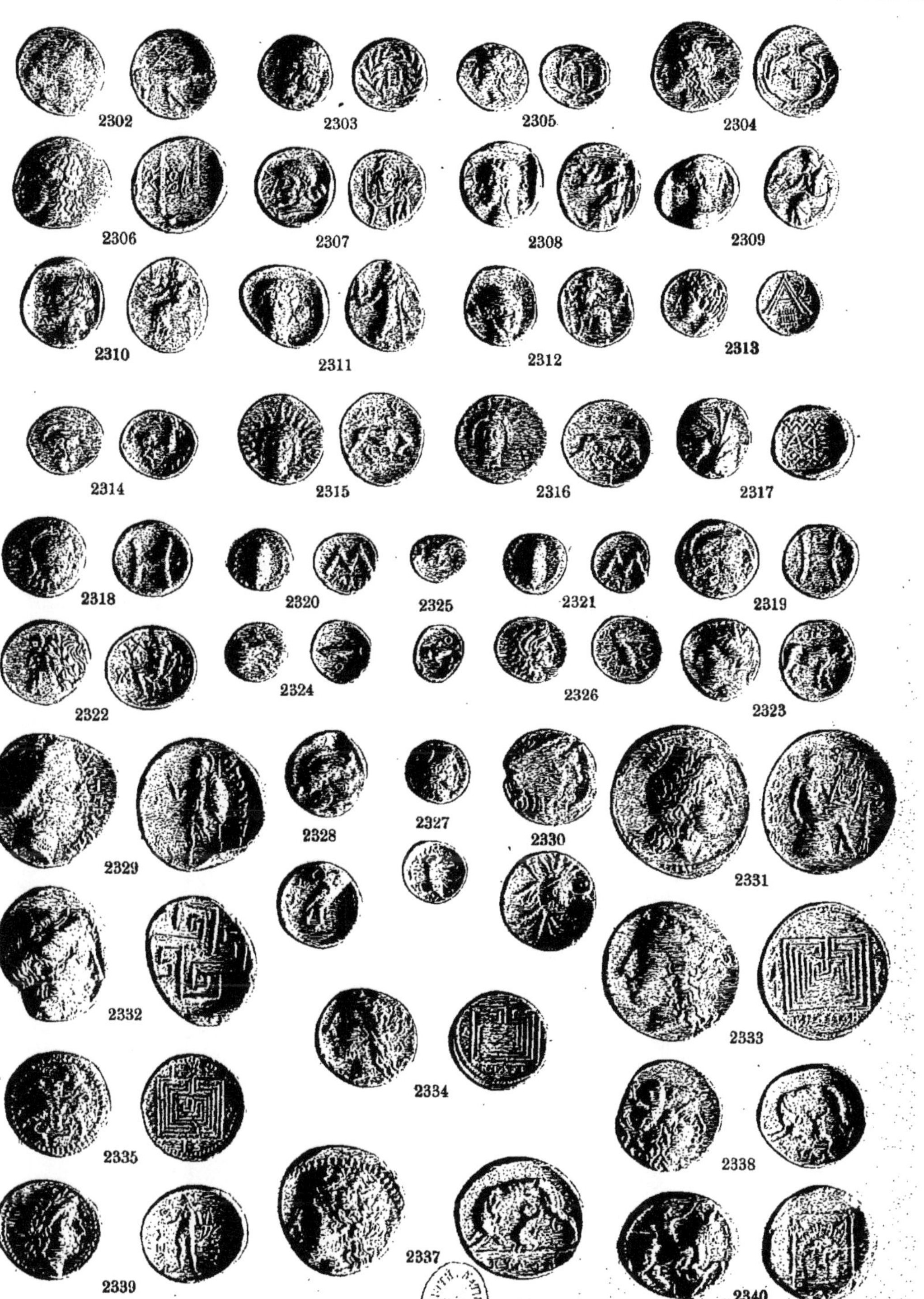

2302
2303
2305
2304
2306
2307
2308
2309
2310
2311
2312
2313
2314
2315
2316
2317
2318
2320
2325
2321
2319
2322
2324
2326
2323
2329
2328
2327
2330
2331
2332
2333
2334
2335
2338
2339
2337
2340

2341
2342
2343
2344
2346
2347
2336
2348
2345
2349
2351
2352
2359
2354
2358
2357
2350
2356
2350
2357
2353
2355

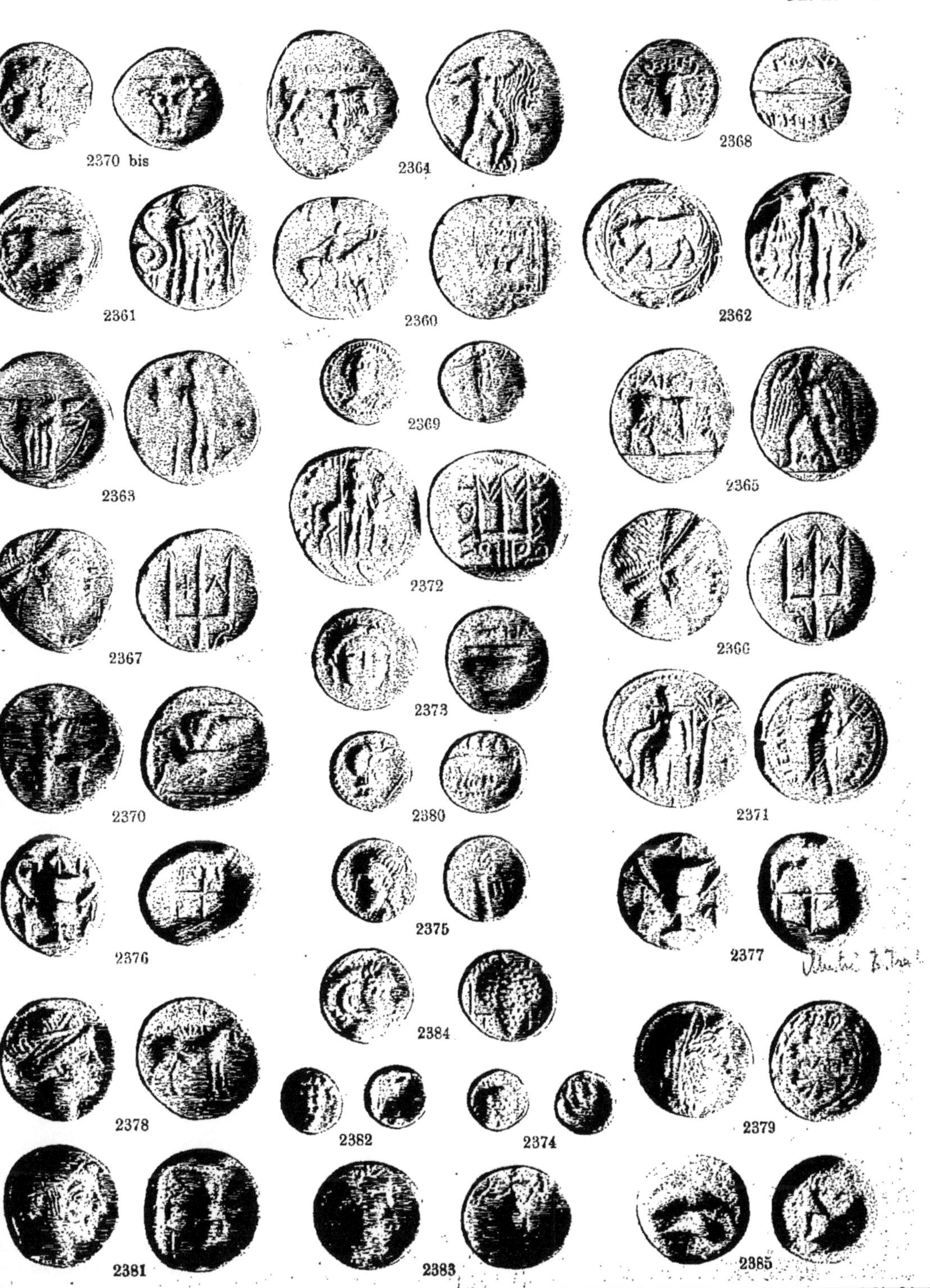

2370 bis
2364
2368
2361
2360
2362
2363
2369
2365
2367
2372
2366
2370
2373
2371
2376
2380
2375
2377
2378
2384
2379
2382
2374
2381
2383
2385